THE MIRYEKS
OR STONE-MEN
OF
COREA

BY

ALBERT TERRIEN DE LACOUPERIE

Doctor in Philosophy and in Letters, Professor of indo-chinese Philology (University College, London), M. of Council Royal Asiatic Society and Philological Society, C. M. Academie de Stanislas of Nancy, Peking Oriental Society, etc.

1887

Nielrow Éditions - 2018

Dijon – France -

ISBN : 978-2-490446-07-0
:

Reprinted from the Journal of the Royal
Asiatic Society of Great Britain and Ireland,
n.s. Vol. XIX, 1887.

Miryek at Unjin (Corea) - From a photography by Lieut. G. C. Foulk (U.S. Navy)

TABLE

The Miryeks or Stone-Men Of Corea

Corea, which was till lately the last but one of the "Forbidden Lands", is now slowly unfolding its archeological treasures to the gaze of travellers.

I.

One of the most, if it be not indeed *the* most interesting of these remains of bygone ages, are the miryeks, which are huge half-length human figures carved in stone, and looked upon as relics of a religion of former times. The largest of those seen by M. Carles [1] during his recent travels in the country are between Ko-yang and Pha-ju ;

they are about 25 feet high, cut out of some large boulders in the midde of a fir wood in a hill-side.

One of those has a round, the other a square hat, which peculiarity shows, perhaps, that the former is meant to represent Heaven, or the male element of chinese philosophy ; the latter Earth, or the female element.

The largest hitherto known is at Un-jin, near the Keun river, in Chöl-la-To. The figure is estimated to stand 62 feet high ; the body and head (according to a photograph [2] taken by Lieut. G. C. Foulk, U. S. N.) would seem to resemble the idols in buddhist temples, but the cap is different. A column about 10 feet high runs up from the head, giving support to an oblong slab about the same length.   On this stands a smaller column supporting another slab, and from the corners of the two, bells are pendent by chains.

II.

The word *miryek* [3] is simply rendered by *Stone-man*, and consequently does not seem to afford any clue as to the actual signification of these huge statues ; for the fact likewise of their possessing (according to Mr. Carles' authority) no other appellation would show that their primitive destination was forgotten by the people. Besides, the word is perhaps not corean at all, as it does not yield to any satisfactory etymology. It is in fact the expression by which the Coreans rend the two chinese ideograms 石人 taken together as a single term, and not individually, as in that case the two corresponding words would be *sok in* in sinico-corean, or *tol saram* in corean proper. This peculiarity suggests that the expression *miryek* exited in corea, in its special adaptation to the huge stone statues, without having preserved its original meaning, previous to the adoption of the chinese characters [4] ; when it was necessary to select such characters in this special case, no other explanation could be found but the blunt description which was purposely indicated by the chinese ideograms above quoted. Should this suggestion be accepted, it implies that the religion which had caused the erection of the statues was either forgotten or in a the shade at the time. *Miryek* may be a foreign word of which the origin might cast some light on the origin of the statues themselves ; the corean phonesis hardly discriminates *n, l, r* one from the other, and their looseness of articulation under that respect is so great, that the dictionary has only one class for the words beginning by these three consonants, which, however, are distinguished in writing. Making allowance for this lack of precision, miryek is so much like the turki meniak [5], "great", or "prince", that it may be connected with it. The relationship of the corean with the turki and other altaic languages is real, though remote [6], so that, after all, the word may not be an importation, and simply be a common heirloom ; but the probabilities here are the other way, and further investigations and discoveries in Corea cannot fail to throw some light on the matter.

III.

The curious double cap of the miryek of Un-jin is highly suggestive of two of the currents of tradition which are met with in Corea, whilst the oblong slab and its pendants remind us of the old chinese dress cap as illustrated in the ancient rituals [7]; the repetition of such a thing on smaller scale above, and their arrangement on a central column, were obviously suggested by the indian pagoda-umbrella. There is no doubt that the miryek of Un-jin is buddhist. The position of the hands [8], and especially the mark between the eyebrows (i. e. the *urna*, one of the 32 lakchanas or characteristic physiological mark by which every Buddha may be recognized) [9], are, I think, conclusive.

Un-jin (the Eun-tjin of the missionaries' map) [10], near the Keun Kang, or river within the province or *To* of Tchyoung=Tchyeng, and in proximity to, but not within the limits of that of Chöl-la-To (Tjyen-la-to), Ko-yang and Pha-ju (Hpa-tjiu) at 40 and 80 li N. of the capital, as well as Un-jin, all three places where miryeks still exist, were formerly parts of the Pek-tsi state, where buddhism (introduced about the end of the fourth century), was conspicuous for the number and splendour of its monuments, in the ages immediately succeeding, according to the chinese notice of the country in the dynastic annals of the Northern Sung (450-478 A. D.)[11].

IV.

The existence of such big statues is interesting in connection with similar or somewhat similar ones wich have been erected in other countries in honour of the Gautama Buddha, in ancient times. The huge statues at Bamian have lately been described in this journal [12]. But others are still unknown or have not been studied. In the *Burma Gazetteer*, compiled by Major H. R. Spearman, the frontispiece is a photograph representing the ruins of a colossal image of Gautama at Zaing-ga-naing [13]. Leaving aside instances of late date, which offer little interest here, we may mention some early cases hitherto unnoticed.

In 419 A. D., Kung-Ti, the last emperor of the chinese dynasty of the Eastern Tsin, being a faithful buddhist, melted away ten million pieces of *ho* money [14], and made a statue in metal of 60 cubits in height for the *Wa Kung* temple [15]. In the same century, we hear through the annals of China and those of Annam about huge buddhist statues in the country of Lin-yh, otherwise Lâm-âp, corresponding notably to the modern provinces of Ninh-binh and Thanh-hoa of Annam [16]. The records of the latter country state that Lâm-âp professed the religion called *Mè-càn*, and that they worshipped huge gold and silver statues, some of which were more than ten *mètres* (?) in circumference [17]. The chinese records, on the other hand, state simply [18], that one of the kings of Lin-yh, a believer in the everlasting principles of India, caused statues to be cast in gold and silver, ten half-cubits in height [19]. The word *Mè-càn* is perhaps an alteration, and intended to represent *Magadha*, the country of Gautama Buddha. Maritime intercourse was active in former times between Indo-China, the Indian Archipelago and the northern coasts. It is from this intercourse with Japan in the third century, that the Chinese have first heard of Formosa, the Philippines, the rchipelago, etc. [20]. And nothing would be surprising should an early spread of buddhism in Corea have come by this maritime way, thus causing, as in Indo-China, the erection of the *miryeks*. The countenance of these huge statues may be found at fault in various details with the standard imagery and statuary of buddhism, but these differences have obviously resulted from their peculiar surroundings in this remote corner of N. E. Asia [21].

University College, London, July, 1887.

NOTES

1) Cf. M. Carles, *Recent Journeys in Corea*, J. R. G. SS. 1886.

2) Reproduced on the plate herewith.

3) The dictionary of the Missionaries simply says : "Miryek, 石人 , statue de pierre, grande idole de pierre".

4)The Coreans have the only real alphabet of East Asia. It consists of 14 consonants (9 simple, 5 aspirate) and 11 vowels (7 simple, 5 complex). Klaproth has found that it was introduced in Pek tsi in 374 A. D. (*Aperçu de l'origine des écritures de l'Ancien Monde*, p. 25), but he has not given his source.

5) *Meniak* is also the name of tribes in the east of Tibet. Cf. My book *The languages of China before the Chinese* (London, 1887), § 173.

6) Cf. Dr. Heinrich Winkler, *Uralaltaische Völker und Sprachen* (Berlin, 1884), pp. 70-72.

7) Cf. The plates of the *San Li t'u*, or simply the illustrations in G. Pauthier's *Chine*, pl. xxv, or S. Kidd's *China*, pl. i and xiii.

8) For the buddhist's position of the hands cf. E. V. Schlagintweit, *Buddhism in Tibet*, ch. xiv. And also the plates in Hoffman's *Buddha Pantheon*.

9) E. J. Eitel, *Handbook of Chinese Buddhism*, p 61. The pagoda-umbrella is probably connected with the idea of the revolving-pagoda.

10) In the *Dictionnaire géographique de la Corée*, 2nd appendice of *Dictionnaire Coréen-français*, Yokohama, 1880, 8 vol.)

11) The fragment appears without acknowledgment as usual in Ma-Tuanlin's *Wen hien t'ung kao*. Cf. D'Hervey de Saint-Denys, *Ethnographie des peuples étrangers à la Chine* par Ma-Touan-Lin, vol. I, p. 279, Genève, 1876.

12) *The Rock-cut Caves and Statues of Bamian*, by MM. M. G. Talbot, P. J. Maitland, and W. Simpson, *Journal of the Royal Asiatic Society*, pp. 323-350, vol. Xviii, 1886.

13) British Burma Gazetteer, vol. i. The statues of "Buddha entering Nirvana", or "sleeping Buddha", I. e. recumbent, instead of sitting down or erect, belong probably to another wave of the buddhist statuary. Such, for instance, as those mentioned by Col.

H. Yule, *The book of Ser Marco-Polo* (2nd edit), vol. I. p. 223. According to tradition, the first statue of Buddha seated was made during the lifetime of Gautama. Cf. *Dsandan dsou yin domok*, Légende de la statue de Bouddha, traduite du mongol by A. Ivanowski (*Le Muséon*, vol. ii, pp. 93-104).

14) In the text : *tsien wan ho* "a thousand myriads ho". The latter I understand to be the name of the current money as it was for several centuries previously. Cf. My work on *The coins of China in the British Museum*, etc., p. 383, vol. I.

15) *Tsin shu*, in *Tai-ping yü-lan*, bk. 657, f.3.

16) Cf. the *Hoang viet dia du chi* (Official Geography of annam), vol. I.

17) I translate from P. J. B. Truong Vinh-ky, *Cours d'histoire annamite*, vol. I (Saigon, 1875, 16 mo.), p. 29, as I have not the original text at hand. I doubt the *mètres* of the translation.

18) Cf. *Nan she* or Southern history (420-589 A. D.) in *Tai-ping yü-lan*, bk. 786, fol. 4 v.

19) This unsatisfactory statement is perhaps a misrending only. The text says *ta shih hwei*, the latter word means circumference,

and also a measure of half a cubits.

20) Cf. My Formosa Notes, § 34.

21) A glance at the plate will show, that the miryek of Un-jin whatever may be its age, has been kept in a state of repair.

TRADUCTION FRANÇAISE

Les Mireuks ou Hommes de Pierre en Corée

I

La Corée, qui était il y a peu encore, l'avant dernière des «Terres interdites», déploie lentement ses trésors archéologiques à la vue des voyageurs.

Parmi les vestiges des époques révolues, l'un des plus intéressants, si ce n'est effectivement le plus intéressant, sont les mireuks, d'énormes silhouettes de demi-longueurs sculptées dans la pierre, considérées comme des vestiges d'une religion des temps anciens. Le plus grand de ceux que M. Carles a vus au cours de ses récents voyages dans le pays se situe entre

Ko-yang et Pha-ju; ils mesurent environ 25 pieds de haut, découpés dans de gros rochers au milieu d'un bois de sapin sur une colline.

L'un de ceux-ci a un chapeau rond, l'autre un chapeau carré, dont la particularité est démontrer que le premier est censé représenter le Ciel ou l'élément masculin de la philosophie chinoise, et le second la Terre, ou l'élément féminin.

Le plus important connu à ce jour se trouve à Un-jin, près de la rivière Keun, à Chöl-la-To. La statue s'lève à une hauteur estimée de 62 pieds ; le corps et la tête (d'après une photographie prise par le lieutenant G. C. Foulk, U.S. Naval Academy) pourrait ressembler aux idoles des temples bouddhistes, mais la coiffe est différente. Une colonne d'environ 10 pieds de hauteur monte de la tête et soutient une dalle oblongue de la même longueur. Sur celle-ci se dresse une colonne plus petite supportant une autre dalle et, aux coins des deux, des cloches sont suspendues par des chaînes.

II

Le terme mireuk est simplement traduit par Homme de Pierre, et par conséquent ne semble pas fournir d'indice quant à la signification réelle de ces énormes statues ; et par le fait même de leur possession, (selon l'autorité de M. Carles), aucune autre dénomination n'indique que leur destination primitive a été oubliée par la population. D'ailleurs, le mot n'est peut-être pas du tout coréen, car il ne satisfait à aucune étymologie pertinente. C'est en fait l'expression par laquelle les Coréens traduisent les deux idéogrammes chinois 石 人 pris ensemble en un seul terme, et non pas individuellement, car dans ce cas les deux mots correspondants seraient sok in en sinico-coréen, ou tol saram en coréen correct.Cette particularité suggère que l'expression mireuk apparut en Corée, en désignant spécialement les énormes statues de pierre, sans avoir conservé son sens originel, antérieur à l'adoption des caractères chinois ; et quand il fut nécessaire d'utiliser de tels caractères dans ce cas particulier, aucune autre solution ne put être trouvée, à l'exception de celle, claire, attribuée explicitement par les idéogrammes chinois cités ci-dessus. Si cette suggestion fut acceptée, cela impliquerait que la religion qui avait érigé les statues, était oubliée ou dans l'ombre à l'époque. Mireuk est peut-être un mot étranger dont l'origine pourrait éclairer celle des statues elles-mêmes; la phonétique coréenne ne distingue guère les sons n, l, r les uns des autres, et leur manque d'articulation à cet égard est si grand que le dictionnaire coréen n'a qu'une classe pour les mots commençant par ces trois consonnes, qui se distinguent toutefois par l'écriture. En tenant compte de ce manque de précision, mireuk ressemble tellement au turki meniak, qui signifie «grand» ou «prince», qu'il peut être assimilé à celui-ci. La relation entre le coréen, le turki et d'autres langues altaïques est réelle, bien que lointaine, de sorte qu'après tout, le mot n'est peut-être pas une importation, mais tout simplement un héritage commun ; mais les probabilités ici sont dans l'autre sens, et de nouvelles enquêtes et découvertes en Corée ne peuvent manquer d'éclairer la situation.

III

La curieuse double coiffe du mireuk d'Un-jin évoque deux des courants de traditions rencontrés en Corée, tandis que la plaque oblongue et ses pendentifs rappellent le vieux bonnet chinois illustré dans les rituels antiques ; la répétition de cette partie de coiffe à une plus petite échelle au-dessus, et leur arrangement à toutes deux sur une colonne centrale, ont évidemment été inspirées de l'architecture des pagodes indiennes. Il ne fait aucun doute que le mireuk d'Un-jin est bouddhiste. La position des mains, et particulièrement la marque entre les sourcils (c'est-à-dire l'urna, l'un des 32 lakchanas ou marques physiologiques caractéristiques qui permettent de reconnaître chaque Bouddha), sont, à mon avis, déterminantes.

Un-jin (le Eun-tjin de la carte des missionnaires), près du Keun Kang, rivière de la province ou To de Tchyoung = Tchyeng, et à proximité de celle de Chöl-la-To (Tjyen-la-to), Ko-yang et Pha-ju (Hpa-tjiu) à 40 et 80 li N. de la capitale, à l'instar de Un-jin, sont trois endroits où des mireuks existent encore, et qui faisaient autrefois partie de l'Etat de Pek-tsi, où le bouddhisme (introduit vers la fin du IVe siècle), se distingua par le nombre et la splendeur de ses monuments, qui s'y succèderent au cours des âges, selon la mention chinoise sur la Corée dans les annales dynastiques du Chant du Nord (450-478 après JC).

IV

L'existence de ces grandes statues est intéressante par rapport à des statues similaires qui ont été érigées dans d'autres pays en l'honneur du Bouddha Gautama, dans les temps anciens. Les énormes statues de Bamian ont récemment été décrites dans les pages du présent journal. Mais d'autres sont encore inconnues ou n'ont pas été étudiées. Dans le Burma Gazetteer, rédigé par le major H. R. Spearman, le frontispice est une photo représentant les ruines d'une image colossale de Gautama à Zaing-ga-naing. Laissant de côté les cas tardifs, qui présentent peu d'intérêt ici, nous pouvons citer quelques cas anciens jusqu'à présent ignorés.

En 419 de notre ère, Kung-Ti, le dernier empereur de la dynastie chinoise des Tsin de l'Est, fidèle bouddhiste, fit fondre dix millions de pièces d'argent et réalisa une statue en métal de 60 coudées de hauteur pour le temple de Wa Kung. Au cours du même siècle, nous avons entendu parler dans les annales de la Chine et de l'Annam des énormes statues bouddhistes du pays de Lin-yh, autrement dit de Lâm-âp, correspondant notamment aux provinces modernes de Ninh-binh et de Thanh-hoa d'Annam. Les archives de ce dernier pays indiquent que Lâm-âp professait la religion appelée Mè-càn et adorait d'énormes statues en or et en argent, dont certaines avaient plus de dix mètres (?) de circon-férence. Les documents chinois, par contre, indiquent simplement, qu'un des rois de Lin-yh, adepte des principes éternels de l'Inde, a fait mouler des statues en or et en argent, d'une hauteur de dix demi-coudées. Le mot Mè-càn est peut-être une altération et vise à représenter Magadha, le pays du Buddha Gautama. Les relations maritimes existaient autrefois entre l'Indochine, l'archipel indien et les côtes septentrionales. C'est à partir de cette relation avec le Japon au troisième siècle que les Chinois ont entendu parler pour la première fois de Formose, des Philippines, de l'Archipel, etc. Et il n'y aurait rien de surprenant qu'une expansion précoce du bouddhisme en Corée ait eu lieu par cette voie maritime, causant ainsi, comme en Indochine, l'érection des mireuks. La physionomie de ces immenses statues est peut-être en désaccord profond avec l'imagerie et la statuaire classiques du bouddhisme, mais ces différences résultent évidemment de leur environnement particulier dans ce coin reculé du Nord-Est asiatique.

University College, Londres, juillet 1887.

Traduction : g. nielrow

Dépôt légal
4ème trimestre 2018
Éditons Nielrow Dijon
France

www.ingramcontent.com/pod-product-compliance
Lightning Source LLC
Chambersburg PA
CBHW060603030426
42337CB00019B/3593